Život Je Da Se Voli
Life Is To Love

Azim Mujakic

Table of Contents

Za sječanje na moju Majku Mevlidu, koja me je učila da volim sve oko sebe, kao što je i ona sama voljela i dobro činila.

A. M.

In memory of my Mother, Mevlida, who taught me to love everything around me, as she liked and she did good in her life.

A. M.

ABECEDA

Evo slova iz rodnoga kraja,
Koja je učio moj otac i mati,
Koja je učio moj djeda i baka,
Zato i ja trebao bih znati.

A a – je kao avlija,
B b – je kao brat,
C c – je kao cipela
Sad znam., ovo je START.

Č č – je kao čovjek,
Ć ć – je kao ćilim,
D d – je kao dobro
Kada se gleda FILM.

DŽ dž – je kao dženet,
Đ đ – je kao đak,
E e – je kao Emina,
Koju pjeva đak PRVAK.

F f – je kao fotelja,
G g – je kao grad,
H h – je kao hurmašica,
I pola je gotovo, odmorimo se sad!

I i – je kao igla,
J j – je kao jaje,
K k – je kao kolač,
Koji se dobroj djeci DAJE !

L l – je kao lubenica,
LJ lj – je kao ljeto,
M m – je kao draga mama,
Koja mi pomaže učiti sve TO!

N n – je kao narandža,
NJ nj – je kao njiva,
O o – je kao orah,
Koji se u džepu SKRIVA!

P p – je kao poštar,
R r – je kao rijeka,
S s – je kao selo,
Koje na mene ČEKA!

Š š– je kao šuma,
T t – je kao tajna,
U u – je kao uspavanka,
Moja priča TRAJNA !

V v – je kao voz,
Z z – je kao zima,
Ž ž – je kao želja
Naučenu Abecedu pokazati SVIMA !

Što je lijepa Abeceda,
Kad se slaže, kad se reda,
Kad se čita, kad se piše,
Kad se sriče ili BRIŠE.

Haj'd požuri i ti sada,
Pa nauči Abecedu,
Te napiši prvo pismo
I pozdravi sve po REDU!

ŽIVOT JE DA SE VOLI

Život je da se voli,
pa makar i jedna slika,
jedan stari trošni okvir,
na kojem nema više lika!

Život je da se voli,
pa makar i jedan cvijet,
jedna djačka ispisana sveska,
na koju stane cio svijet!

Život je da se voli,
pa makar i jedan osmijeh,
jedan radostan sunčan dan,
kad voljeti nije grijeh.

Život je da se voli,
pa makar i nebo plavo,
jedna mala, škripava kolijevka,
u kojoj sam prvo spavao!

Život je da se voli,
pa makar i sve u njemu,
jedan svijet kad se voli,
naći ćes ljubavi u svemu!

LIFE IS TO LOVE

Life is to love,
and you can love just one picture,
or just one old framework,
without a picture inside of it!

Life is to love,
and you can love just one flower,
or just one student's workbook,
where can the world fit!

Life is to love,
and you can love just one smile,
or just one happy sunny day,
when love isn't wrong.

Life is to love,
and you can love just the blue sky,
or one small, creaking cradle,
where you had your first dream!

Life is to love,
and you can love everything in it.
If you love one universe,
you will find love in everything!

KOLO LATICA

Latica sam mala,
u zjenu bih stala,
krevet mi meka grana,
suncem zlatnim obasjana.

Latica sam bijela,
od sela do grada,
sa hiljadu želja,
da ostanem mlada.

Proljećem se budim,
nakon divnog sna,
životu se čudim,
sa vrha do dna.

Sa vjetrićem drugujem,
sa pčelicom rosu pijem,
zvijezdama se uspavljujem,
sa leptirima kolo vijem.

Pjevam pjesmu sa pticama;
o životnim željama,
o zelenim granama
I večernjim sjenama.

Dodjite i vi sa nama,
svi u kolo sreće,
iz ovog vas niko,
nikada, istjerati neće!

PETAL FOLK DANCE

I am a little petal,
I can fit in an eye,
soft branches are my bed,
the golden sun my canopy.

I am a white petal,
going from village to town,
with a thousand wishes,
to always be young.

With spring I wake up,
after a beautiful dream,
I marvel at life,
from top to bottom.

With the wind I keep company,
with the bees I drink dew,
with the stars I sleep,
with the butterflies I dance.

I sing songs with the birds,
about life's wishes,
about green branches
and evening's shadows.

Please, come play with us,
all in a lucky petal dance,
from this dance,
you will never want to leave!

ZAUSTAVIMO ZEMLJU

Zaustavimo zemlju
neka ovakva traje,
neka nam svoje plodove
nesebično daje!

Zaustavimo jata,
neka se u zraku opiju,
neka slobodno lete,
u zemlju topliju!

Neka se nama vraćaju,
U proljeće rano,
Kad je suncem jutro
Rosno razigrano!

Zaustavimo rukama,
Zaustavimo znanjem,
Zaustavimo drugarstvom
I zelenim granjem!

LET'S STOP THE EARTH

Let's stop the earth
to make it stay this way
and give us its riches
Ever unselfishly!

Let's protect the birds,
let them take to the air
then they can fly in peace
in the warm country!

Let them come back to us,
in the early Spring,
when with the sunshine, morning
And dew begin!

Let's stop it with hands,
let's stop it with knowledge,
let's stop it with friendship,
And with green branches!

ŽUTI POLEN

Ja sam pollen žuti,
za svijet zabrinuti,
životi su nam puti,
želimo ostati žuti.

Proljećem se skitam,
da vam pogled traje,
misli vaše čitam,
i odnosim dalje.

Rosa mi je drug
i pčelica laka,
drug mi svaki čika
i vesela baka.

Vjetar mi krila daje,
pustimo neka traje,
neka život sa nama leti
i zimi i ljeti.

YELLOW POLLEN

I am yellow pollen,
for a worried world,
life is in our way,
But we will stay yellow.

Through spring I wander,
to make a lasting view
I read your thoughts,
and carried them far from you.

Dew is my friend,
and the gentle bee,
My friend is every man,
and happy grandma.

The wind makes me wings,
lets me live yellow for ever,
let life fly with us,
winter and summer.

MLADE RUKE

Ovo su naše ruke!
Č uvajte njihove prste!
One će vam pomoći,
u njima su buduće moći!

Ovo su vaše oči!
Čuvajte njihov sjaj!
One će vam pomoći,
na putu za raj!

Čuvajte daleke vidike!
Čuvajte zelene slike,
One će vam pomoći,
da imate vječne spomenike!

Čuvajte našu igru!
Mi ćemo voljeti vas!
Ostaćemo sa vama,
kroz životni čas!

YOUNG HANDS

These are our hands!
Protect their fingers!
They can help you,
In them we have power!

These are your eyes!
Protect their sight!
They can help you,
On the way to heaven!

Protect faraway vistas!
Protect green pictures,
They can help you,
To have everlasting memories!

Protect our game!
We will always love you!
We will stand with you,
Today and even tomorrow!

KO SAM I ODAKLE SAM

Ja sam jedna mala ptica,
iz jata ptica bosanskih!
A gdje je ta "bosa" Bosna?

Mama i tata,
ili samo mama,
ili samo tata,
ponekome baka,
a nekome tetka,
kažu:
u Evropi je,
u srcu Evrope.

Kažu:
bila je čista kao Una,
bila je zelena kao Maglić,
bila je rodna kao Posavina,
bila je plava kao more kod Neuma,
bila je crvena kao srce u grudima,
bila je rosna kao jutarnja djetelina!

Takva je bila:
moja zemlja Bosna,
opet prevarena,
daleko mi osta!

WHO I AM AND WHERE I AM FROM

I am one small bird,
out of a from a flock of Bosnian birds!
And, where is that, "barefooted" Bosnia?

Mom and dad,
just mother,
or just father,
someone's grandma,
and someone's aunt,
tell the world:
it is in Europe,
in the heart of Europe.

They tell us:
it was clean like the Una River,
it was green like Maglic,
it was fertile like Posavina,
it was blue like the sea at Neum,
it was red like a heart in a breast,
and it was dewy like morning clover!

That's how it was:
my country Bosnia,
May that evil now
stay far from me!

BEZ SVOGA OCA

Gledam te malene glavice,
dječake i djevojčice,
te ranjene ručice,
te ranjene nožice.

Gledam te ranjene glavice,
sa bosanske travice,
te malene pletenice,
te ispale zubiće.

Hoće li rana zarasti;
u glavici malenoj,
u dušici sanenoj
u igrici dječijoj?

Možda hoće, možda neće!
Sve zavisi kud se kreće!
Ako bude bilo sreće?
Izblijedjeće! Izblijedjeće!

Neka izblijedi! Neka zaraste!
Veseo bih i sam bio!
Svima njima mnogo puta,
ja sam otac možda bio!

WITHOUT A FATHER

I'm looking at these little heads,
of boys and girls,
these wounded little hands,
these wounded little feet.

I'm looking at those wounded little heads,
children of the Bosnian earth,
tightly-woven braids,
a gap-toothed smile.

Will the wound heal,
in the little head.
in the sleepy little soul
in the children's play?

Maybe yes, maybe no!
Everything depends where they go!
If they have good luck?
It will heal! It will heal!

Heal quickly! Get better!
I will be happy too!
For all of them many times
May see in me their own dad!

ŠTA LI RADI ŠKOLA NOĆU

Svakog jutra,
vedra, čila,
čeka djake,
škola mila!

Čeka djake,
ruke širi,
hodite vamo
moji mili!

Šta li radi škola noću,
kad isprati drage djake?
Da li razmišlja, hoću li doći,
ili sniva snove lake!?

WHAT IS THE SCHOOL DOING AT NIGHT

Every morning,
the school waits for its students,
welcoming and healing,
bright and cheerful.

Waiting for its students,
arms wide open,
"Come here,
my dear children!"

What is the school doing at night,
After it sees off the dear students?
Does it wonder if they'll come,
or have peaceful dreams!?

KOD DJAKA

Šta sve može stati
u glavicu djačku,
ne možeš to gurati
sa Cojinom tačkom.

Šta sve mogu ručice,
te mekane, nježne,
rastjerati tugu,
topit pute snježne.

Šta sve mogu nožice,
te brze i brže
preskočiti ograde,
gdje se kruške drže.

OF A CHILD

How many thoughts can there be
in a small child's head?
you can't move it out
with Cojin's wheel.

How can little hands,
softly and gently,
scatter sorrow,
and make a street warm and slippery?

How can little feet,
faster and faster,
jump over a fence,
to where pears ripen on the trees?

NOVI PROGRAM

Moj narode,
kud te vode?
Gdje ni kruha,
gdje ni vode!

Moj narode,
kud te vode?
Gdje ni mira,
nit' slobode!

Moj narode,
kud te vode?

NEW DEAL

My people,
where do they lead you?
Where there isn't bread,
where there isn't water!

My people,
where do they lead you?
Where there isn't peace,
Where there isn't freedom!

My people,
Where do they lead you?

ZAVIČAJ

Da mi je da slušam
pjesmu šumskih grana,
stvaranu sa vjetrom
s plavoga Jadrana.

Da mi je da osjetim
miris crnog kruha,
u jutrima ranim
kad ga majka skuha.

Da mi je da dišem
otvorenih usta,
na sred cvijetnog polja,
gdje mi duša osta.

Da mi je da ne mislim
nekoliko dana,
možda bi mi zarasla
zavičajna rana.

HOMELAND

Let me listen to
the song of a forest tree,
made by a wind
from the blue Adriatic sea.

Let me smell
the aroma of fresh bread,
in the early morning
when mother bakes it.

Let me breathe
with an open mouth,
in the middle of a meadow of flowers,
where my soul is refreshed.

Let me think
for several days,
perhaps it will fade
my homeland.

JUG MOJ DALEKI

Može li tuga,
imati druga,
ako si daleko
od rodnoga juga?

Tuga može
imati druga,
ako si daleko
od rodnoga juga!

Ako li tebe,
obuzme tuga,
potraži druga
sa rodnoga juga.

Potraži druga
i pričaj o jugu,
možda sa pričom
otjeraš tugu!

MY FARAWAY SOUTHERN HOMELAND

Can sorrow
have a friend,
if you are far away
from your southern homeland?

Sorrow can
have a friend,
if you are far away
from your southern homeland!

If you
have a sorrowful day,
call some friends
from your southern homeland!

Call some friends
and talk about the South.
Maybe in talking
the sorrow will flee!

SRCE I GLAVA

Kad je srce iskreno,
ono će pomoći,
da se voli vatreno,
danju i po noći.

Kad je srce iskreno,
ono će te voditi,
da ga vratiš zarano,
tamo gdje je rodjeno.

Kad je srce iskreno,
ono će te voditi,
da ne luteš prerano,
tamo gdje ćes ostati.

HEART AND HEAD

When the heart is true,
it can help you,
to love much,
through the days and nights.

When the heart is true,
it can guide you,
back to a time,
where you were born.

When the heart is true,
it can guide you,
so you won't find yourself too soon
where you were meant to stay.

ČEŽNJA

Ako te nekada obuzme tuga,
nedaj se njoj.
Potraži najboljeg druga
ili prosto reci : Stoj!

Tu sam gdje jesam,
Dalje je daleko.
Mislim, nisam sam,
Daleko me čeka neko.

Biću i tamo ali sutra,
Kada mi misli ugase tugu,
Da osjetim miris bosanskog jutra
i iznad Bosne ugledam dugu.

THE LONGING

If you are filled with sorrow,
Stay away from it.
Try to find your best friend
Or just say: Stop!

I am here where I am,
Farther is too far.
I think, I'm not alone,
Far away someone waits for me.

I will be there, but tomorrow,
when the sorrow leaves my mind,
to smell the Bosnian morning
and to see a rainbow over Bosnia.

TRENUTAK

Sjedim i slušam;
nešto je hučalo,
a to je sve što čujem,
a želim mnogo čuti.
Zatvorim oči i slušam;
Nisam tu, na livadi sam.
Sa onu stranu potok grgolji,
Pjesma ptica puni mi uši,
Zujanje pčela sa prvoga cvijeća,
Čudo mirisa me opoji.
Lagani vjetrić kosu mi mrsi;
Miris jutra i mlijeka,
Glad se u meni budi,
Osjetim topli zalogaj kolača
Sa jutarnjim budjenjem sela.
O, zar to, još tamo postoji?

MOMENT

I sit and listen;
something broke the silence,
it was all that I hear,
but I want to hear many sounds.
I close my eyes and listen;
I am not here, I am in a meadow.
From the other side, a brook whispers,
the songs of birds fill my ears,
a bee buzzes from the first flowers,
The miracle of smells intoxicates me.
Soft wind touches my hair;
The smell of morning and milk,
Hunger awakens in my body,
I smell a hot pastry
With morning the village wakes up.
Oh, but is it all still there?

IZBJEGLICA

Ako sam već rodjen,
pusti me da živim,
pusti me da rastem
i da kapu krivim.

Ako sam već rodjen,
iz ljubavi mladih,
pusti me da volim
i budućnost gradim.

Ako sam već rodjen,
ne stvaraj mi tugu,
moraću se seliti,
u zemlju drugu.

I eto sam rodjen,
stvoriše mi tugu,
moradoh se seliti,
ja u zemlju drugu.

REFUGEE

If I am already born,
let me live,
let me grow up
and wear my hat as I wish.

If I am already born,
from young love,
let me love,
and prepare my future.

If I am already born,
don't make me grieve.
I must then move,
to another country.

And, I was born,
they made me grieve,
then I had to move
to another country.

SAN KROZ...

Ispod brda Hrabljenovca,
smjestilo se rodno selo,
u kojem mi mladost osta,
srce, duša, cijelo tijelo.

Tu na brdu pasu ovce,
svaki kamen runo bijelo,
putić bijeli vijuga se,
najljepše mi rodno selo.

Svaki san me tamo vodi,
priča priče iz mladosti,
da ostatak od života
provedemo u radosti.

DREAM THROUGH...

Under Hrabljenovac hill,
is found my native village,
   where my youth remains,
My heart, my soul, my whole body.

There on the hill, sheep graze,
every stone white as fleece,
a white road winds through,
the most beautiful village.

Every dream carries me there,
tells me stories from youth,
even of what the future holds
Taking us into happiness.

DRAGI SNOVI

Snovi,
Snovi,.
Uvijek
Novi.
Vraćaju me zavičaju!

Snovi,
Snovi,
Uvijek
Novi.
Pričaju o rodnom kraju!

Snovi,
Snovi,
Uvijek
Novi.
Vrte ispred stare slike!

Snovi,
Snovi,
Uvijek
Novi.
Donose mi Bosne krajolike!

DEAR DREAMS

Dreams,
   Always
New.
Take me back to my homeland!

Dreams,
Dreams,
Always
New.
Tell me about my native country!

Dreams,
Dreams,
Always
New.
Replay old pictures!

Dreams,
Dreams,
Always
New.
Bring me Bosnian landscapes!

TREĆI RAT

Kakva je to neman,
stigla sa svih strana,
u naš dragi zeman,
nanijela nam rana?

Nanijela nam boli,
isuviše teške,
čovjek je da voli,
čije su to greške?

Donijela nam suze
i pretežak teret,
živote nam uze,
svakom leden krevet.

Gdje je ljubav ljudi,
za životom želja,
svijet nam se čudi,
zbog mrtvih veselja?

THE THIRD WAR

What kind of monster,
came from all sides,
to our dear country
and left us wounded?

He brought us pain,
unbelievably brutal,
People are meant to love,
Whose mistake is this?

He brought us tears,
and a most heavy burden,
he stopped our life,
With each cold bed.

Where is love, people,
a wish for life?
Is the world surprised
By our murdered people?

MAMA

Vesela nekad,
Ona mi bila,
Kruh, so i vodu,
Objema dijelila.

Vesela nekad,
Ona mi bila,
Kišom, suncem i jutrom,
Uvijek me budila.

Vesela nekad,
Ona mi bila,
Svakoga putnika,
Čuvala i krila.

Vesela nekad,
Ona mi bila,
Samo miru i dobroti,
Stalno me učila.

MOTHER

Happy once,
she was.
Bread, salt and water,
with both hands she shared it.

Happy once,
she was.
Whether a rainy or sunny morning,
She always woke me up.

Happy once,
she was.
Every traveler,
Would receive from her comfort and care.

Happy once,
she was.
Only peace and goodness,
I learned from her.

MAJKA

Koliko sam volio:
tvoje riječi, tvoje ruke,
tvoje želje i veselje,
to samo Bog zna!

Koliko sam volio:
tvoja jela, tvoje brige,
dobra djela, noćna sijela,
to samo ja znam!

Nešto znao ipak nisam,
da sudbina rastavlja u boli,
kad se neko tako voli,
kao što volih tebe ja.

Sad o tebi majko,
mislim svakog trena;
da li sam ti dobro dijete bio,
da li sam ti dobra učinio?

Učinio za života tvoga;
Zato učim Elham majko tebi,
Učiću ga i jutra svakoga
Jer te nikad zaboravit ne bih.

MOTHER

How I loved:
your words, your hands,
your wishes and happiness,
only God knows!

How much I loved:
your meals, your cares,
good works, nights turning gray,
only I know!

One thing, however, I never knew,
that fate separates painfully,
when one loves in this way,
as I love you.

Now, every moment, Mother,
I think about you;
was I a good child for you,
did I do enough for you?

Did I do enough for your life;
because I pray for you now,
I will pray every morning
I will never forget you.

ZAKLETVA MAJCI

Znam da si na prozore gledala,
znam da si se nama nadala,
znam da si željna nas,
svoje oči željne sklopila.

Zbog toga patim u samoći
zbog neizigrane igre s mojim sinom,
zbog misli o crnim ratovima,
koji nas nemilosrdno rastaviše.

Nikada te zaboraviti neću,
za tvoju dušu učiću,
za tvoja dobra poklonjena djela,
i sam dobra uvijek činiću.

A MOTHER'S PROMISE

I know that you watch through windows,
I know that you pray for us,
I know you miss us
with tightly-closed eyes.

Because of this I suffer in silence,
because of games not played with my son,
because of thoughts of dark wars,
which mercilessly separate us.

I will never forget you,
I will pray for your soul.
for the gifts from you that save us,
In your name I will always do good.

MATI

Ako se ikada
Rodila Vila,
Onda je Vila,
Moja mati bila!

Ako se ikada
Rodila bajka,
Onda je ta bajka,
Bila moja majka!

Ako je ikada
Vila čuda pravila,
Onda je ta čuda,
Moja mati činila!

MOM

If there was ever
born a saint,
Then this saint,
Was my MOM!

If there was ever
a fairy tale,
then that fairy tale,
Was my mother!

If there was ever
a miracle,
then this miracle,
Was done by my mom.

ŽELJA SRCA MOGA

Kad bi samo srce znalo,
koliko se zavičaj voli,
možda bi i zaplakalo,
kada u duši nešto zaboli.

Kad bi samo srce smjelo,
odnijeti me preko mora,
pa da vidim moje selo,
kada se u njemu budi zora.

Kad bi samo srce htjelo,
da ne plače već da pjeva,
možda bi me i odnijelo,
na poljanu rodnog sela.

Srce hoće, srce vuče,
ali glava tu se pita,
jer još uvijek suze huče,
pokraj moga rodnog žita.

MY HEART'S WISH

If only my heart knew,
how much I love my native land,
maybe it would cry,
when something pains the soul.

If only my heart were able,
to take me over the ocean,
to see my dear village,
when it wakes up with the dawn.

If only my heart wanted,
not to cry, but to sing,
maybe it would take me,
to the meadow of my village.

My heart wants to, my heart pulls me,
but my head questions.
Still, the tears flow,
Along my native fields.

KAD ZAVIČAJ BLIJEDI

Ako jedom napustiš,
rodni dom svoj jedini,
teško da ćeš da osjetiš,
sreću, ponos u tudjini.

Ako jednom napustiš
rodnu grudu najdražu,
sve ćeš tamo da izgubiš
pa i majku rodjenu.

Ako jednom napustiš
Svoj rodni prag,
Ni jedan na svijetu
Neće ti više biti drag!

WHEN THE HOMELAND GROWS PALE

If you once left
your native home,
it's very hard to feel
happiness, pride as a foreigner.

If you once left
your dear native soil,
you will lose everything
and your sweet mother.

If you once left
your native threshold,
no one in the world,
will ever again be dear!

PJESMA PLAVOM DJEČAKU

Veče;
U tudjem gradu stranac,
Sretan što pobježe od zla,
Da zlo ne činim.
Otud je moja sreća,
Jer imam mirne snove,
Čiste misli, još čistije ruke.

Veče;
I moje misli putuju,
Plavom dječaku koji već
spava,
Njemu kojem nedostajem,
A koji me sigurno voli,
I sada po postelji traži,
Tatu koji ga ostavi.

Veče;
Baš kao i ono kada te
poljubih
I krenuh, ne znajući kuda.
Ne znajući kome i sa kime,
A ipak moradoh poći,
Da bi ti imao tatu,
I da bi drugi imali tatu.

Veče;
Tvoj tata i ujutro misli,
Za tebe i ovaj put predjoh,
Za tvoje vršnjake i njihove
tate.
Zato te molim drago dijete;
Oprosti, oprosti, oprosti,
Što odoh i tebe ostavi.

Veče;
Vratiću se tebi jedno veče,
Ili ćeš ti meni doći jednog
jutra,
Da opet ruka tvoja mala,
Bude sigurna u noći, po
danu,
Kad sanjaš zbilju malih
dječaka,
Što tatu imaju negdje u
daljini.

POEM FOR A BLOND BOY

Evening;
a stranger in a strange city,
happy to have run away
from evil,
To not have done evil.
From that comes my
happiness,
because I have peaceful
dreams,
A clean mind, cleaner
hands.

Evening;
and my thoughts travel,
to a blond boy who is
already sleeping,
to him for whom I am
unworthy.
And who surely loves me,
and now he looks over the
bed for me,
For the father who left him.

Evening;
like night when I kissed
you,
And left, I don't know
where.
I don't know whom and
with who,

but still I had to go,
to help you to have a dad,
And so others could have a
dad.

Evening;
your dad in the morning
thinks too,
for you and the path I have
taken,
For your generation and
their dads.
For these reason, dear child,
please;
forgive me, forgive me,
forgive me,
For leaving you.

Evening;
I will come back to you one
evening,
or you will come to me one
day,
so that your little hands,
will be safe by night, by
day,
when you dream the dreams
of all boys

Who had dads somewhere
far away.

"Život je da se voli" je zbirka pjesama, gdje je svaka pjesma ujedno i priča o mojim malim i velikim Bosancima i Hercegovcima koji su ratom ranjeni i ratom otjerani sa svojih ognjišta krenuli na daleki put po bijelome svijetu u kojem će mnogi zauvijek ostati. Svi oni koji budu u prilici da čitaju moje pjesme imaće priliku da samoga sebe sretnu u nekoj od njih, a oni mali, koji malo znaju o Balkanu i "crevnom srcu" na njemu imaju priliku da čitajući pjesme upoznaju ljepotu bosanskih rijeka, planina, ravnica i plavoga Jadrana. Tu je ujedno i pjesma "Abeceda" kroz koju svi vi i naši dragi domaćini Amerikanci možete da naučite jedno lijepo pismo, zapadnu varijantu bosanskog, srpskog ili hrvatskog jezika zvanu "latinica".

Jas am uživao pišući ove divne pjesme i razmišljajući o mnogima vama, meni poznatima i nepoznatima Balkancima, Amerikancima i drugima dragim ljudima dobrog srca. Ja se nadam da će te i vi uživati i naći nešto za sebe čitajući ili učeći kako je život lijep kada se u njemu sve voli.

Life is to love" is a collection of poems, where each poem s at the same time story about my small and big Bosnians nd Herzegovina's that are wounded and with war all round them they are chased from their native homes on araway roads around the white world where many of them ill stay for ever. Everyone who has a chance to read my oems will have an opportunity to see themselves in some f them. But to the few that know a little about Balkan and ed heart" on it, they have the opportunity through reading e poems to meet beautiful Bosnian rivers, mountains, ain and blue Adriatic. There is at the same time, a poem Alphabet" that through it all you and our dear host mericans can learn a nice alphabet, the western variant osnian, Serbian or Croatian alphabet called "latinica."

enjoyed writing these beautiful poems and thinking about any of you, to me known and unknown Balkan's, merican's and other peoples with great heart. I hope that ou will enjoy and will find something for you to read or to arn how life is beautiful when we love it.

Author

About the Author

Azim Mujakic fled his war-torn homeland of Bosnia and Herzegovina in the late 1980s, traveling to and working in Croatia, Slovenia, Austria, and Germany before arriving in the United States in 1999. Azim, his wife, and their two children live in St. Louis, Missouri, which is home to a Bosnian community of some sixty thousand refugees. Azim became a naturalized U.S. citizen in 2005.

Azim has taught English as a second language in the St. Louis Public Schools for fifteen years. He also teaches classes in Bosnian/Croatian at Meramec Community College. He earned a bachelor of science in educational studies from Harris-Stowe University in 2014.

Azim is working on his second book, titled *Never Throw Stones at God*. The book tells the story of a royal dynasty, following the descendants of Prince Mooyo I to the time of Prince Mooyo IX, who must flee his beloved country at the start of the Bosnian War.

Made in the USA
Columbia, SC
03 February 2025

52608194R00037